평범한 우리 어린이들을 다음 세대
위인으로 만들어 줄 교과서 위인 이야기!
효리원의 교과서 위인 이야기는 초등학교
교과 과정에 나오는 국내외 위인들을, 우리나라
최고 아동 문학가 53인이 재미있게 동화로 구성했습니다.
지혜와 용기로 위대한 삶을 산 위인들의 이야기는,
어린이들의 마음속에 '나도 할 수 있다.'는
희망의 씨앗을 심어 줄 것입니다!

일러두기

1. 띄어쓰기와 맞춤법 : 초등학교 국어 교과서와 국립국어원의 『표준국어대사전』을 기준으로 하였습니다.

2. 외래어 지명과 인명 : 국립국어원의 『외래어 표기 용례집』을 기준으로 하였습니다.

3. 이해가 어려운 단어 : ( ) 안에 뜻풀이를 하였습니다.

4. 작가 연보 : 연도와 함께 나이를 표기하고, 업적을 간략히 소개하였습니다. 우리나라 위인은 태어난 해를 한 살로 하였고, 외국 위인은 만 나이를 한 살로 하였습니다. 정확한 자료가 없는 위인은 연도와 업적만을 나타냈습니다.

5. 내용 구성 : 위인의 삶은 역사적 자료를 바탕으로 최대한 사실적으로 구성하였습니다. 그러나 읽는 재미를 위해 대화 글이나 배경 묘사, 인물의 감정 표현 등에 작가의 상상력을 가미하였습니다.

6. 그림 구성 : 문헌을 바탕으로 위인이 살던 시대를 충실히 나타내도록 하되 복식의 색상이나 장식, 소품, 건물 등은 작가의 상상으로 그렸습니다.

7. 내용 감수 : 각 분야의 전문가들로 구성된 편집 위원들이 꼼꼼히 감수를 하였습니다.

편집 위원

김용만(우리역사문화연구소장)
교과서에서 만나는 위인들을 중심으로 일화와 함께 그림과 사진을 곁들여 지루하지 않게 읽을 수 있습니다. 술술 읽다 보면 학교 공부에도 많은 도움이 될 것입니다.

신현득(동시인, 전 새싹회 회장)
우리가 자주 듣고 접하는 역사 속 실존 인물들이 자신의 꿈을 이루기 위해 어떻게 노력했는지 깨달아 가면서 우리 어린이들은 한층 더 성숙해질 것입니다.

윤재운(동북아역사재단 연구 위원)
위인전을 읽으면서 어린이들은 시대를 넘어 간접 체험을 할 수 있습니다. 어떻게 살아야 하는지 인생에 대한 동기 부여와 함께 삶이 보다 풍요로워질 것입니다.

이은경(철학 박사, 전북과학대 유아교육학과 교수)
한 사람의 인격과 품성은 어릴 때 형성됩니다. 따라서 초등학교 저학년 때

어떤 책을 읽느냐에 따라 생각의 크기가 달라집니다. 어린이의 미래를 위해 이 책은 꼭 읽어야 합니다.

이창열(하버드 대학교 물리학 박사, 전 국가과학기술자문회의 전문 위원)
세상을 바꾼 위대한 인물의 이야기는 어린이의 인성 및 감성 발달에 큰 영향을 미칠 뿐 아니라 실험 정신과 개척 정신을 길러 줍니다. 용기와 지혜로 세상을 헤쳐 나가는 당당한 어린이를 꿈꾼다면 이 책은 꼭 한번 읽어 보아야 합니다.

정재도(한글학자)
위인으로 일컬어지는 이들은 어떤 생각을 하고, 어떤 삶을 살았을까요? 그들의 흔적을 담은 위인전은 복잡한 현대를 이끌어 갈 우리 어린이들에게 나침반과 같은 역할을 할 것입니다.

조수철(서울대학교 의과대학 소아정신과 교수)
위인전은 시대와 신분, 업적이 다른 위인들의 삶이 다양하고 흥미롭게 구성되어 있어 손쉽게 여러 삶의 모습을 만날 수 있습니다. 용기 있게 고난을 헤쳐 나간 위인의 이야기를 통해 삶의 지혜를 배울 수 있을 것입니다.

종교를 초월한
참사랑의 실천가
테레사

함영연 글 / 원유미 그림

 효리원
hyoreewon.com

아름다운 세상은 어떤 세상일까요? 더불어 사는 세상이 아닐까요? 사람은 혼자 사는 존재가 아니니까요. 그렇기 때문에 어려운 사람을 돕고, 나누려는 마음은 훌륭한 인성이라고 할 수 있습니다.

마더 테레사는 이웃에 봉사하라는 소명을 받고 거리에 버려진 채 죽어 가는 사람들을 돌보았습니다. 이웃 사랑을 몸소 실천한 것입니다. 불쌍한 사람을 도와야 한다는 건 알고 있지만 실천이 안 따르는 경우가 더 많지요. 그래서 마더 테레사의 실천이 크게 느껴집니다.

이 책을 읽고 마더 테레사가 존경 받는 까닭이 무엇인지 이야기를 나눠 보세요. 종교적 활동에서 머무르지 않고 손길이 필요한 모든 사람을 돌본 사랑의 정신은 참으로 고귀합니다.

마더 테레사처럼 이웃 사랑을 실천하려면 어떻게 해야 할까요?
우리에게 맞는 방법이 있을 거예요.

도움이 필요한 친구들을 돌봐 주는 것, 자신의 재능을 나누는
것, 용돈을 모아 자선 단체에 정기적으로 기부하는 것 등 실천할
수 있는 여러 가지 방법이 있습니다. 나누는 일을 실천했다면 나
눔 일지를 써 보는 것도 좋습니다.

나만 생각하지 않고 주위를 둘러보는 눈을 갖
는다면 마더 테레사의 사랑의 정신
은 계속 이어질 것입니다.

마더 테레사는 가난한 사람들을 돌보며, 이웃 사랑을 몸소 실천해 보였습니다. 어떻게 많은 사람을 도울 수 있느냐는 기자의 질문에 마더 테레사는 바로 앞에 있는 한 사람부터 돌보았고, 그렇게 하다 보니 많은 사람을 돌볼 수 있었다고 대답했습니다.

이렇듯 나눔은 큰맘 먹고 하는 것이 아니고 실천하기 어려운 것도 아닙니다. 지금 내 앞에 있는 한 사람부터 관심을 가지고 돌본다면 우리도 가난하고 아픈 사람들을 도울 수 있습니다.

지금도 굶주리고, 아픈 사람들이 존재합니다. 그들을 위해 마더 테레사처럼 이웃 사랑의 마음으로 나눔을 실천한다면 세상은 더욱 살 만해질 것입니다.

글쓴이 함영연

차례

이웃 사랑

"아녜스, 기도하는 거니?"

엄마는 기도 손을 하고 있는 아녜스를 보고 말했습니다.

"네, 엄마 아빠 건강하게 해 달라고 기도했어요."

"기특하구나."

엄마가 아녜스를 안아 주었습니다.

"나는?"

아가 언니가 물었습니다.

"나를 위해서도 기도했니?"

마더 테레사 | 생전의 테레사 수녀 모습입니다.

라자르 오빠도 물었습니다.

"물론이지."

"뭐라고 했는데?"

"언니 오빠가 나랑 많이 놀게 해 달라고 기도 했어."

"뭐라고? 많이 놀아 줬잖아."

오빠가 웃으며 아녜스 머리를 쓰다듬었습니다.

"서로 우애가 있어 보기 좋구나."

"그런가요? 그럼 우애를 더욱 쌓기 위해 아녜스의 소원을 들어줘야겠어요."

언니가 책을 덮으며 말했습니다. 엄마는 흐뭇한 미소를 지었습니다. 아녜스 곤히아 브약스히야는 1910년 8월 26

일 마케도니아의 수도 스코페에서 아빠 니콜라 브약스히야와 엄마 드라나 베르나이 사이에서 막내로 태어났습니다. 그때 오빠 라자르는 세 살이고 언니 아가는 여섯 살이었습니다.

엄마는 가톨릭 신자로 매일 성당에 나가 미사를 드렸습니다. 아이들도 신앙심이 깊은 엄마를 따라 성당에 나가 하느님에게 기도를 했습니다.

엄마는 성당에서 돌아올 때 만나는 불우한 사람들을 그냥 지나치지 않았습니다. 돈을 나누어 주고, 돈이 없을 때는 기도를 해 주었습니다. 또 집에 와서는 어려운 이웃에게 빵을 나누어 주고, 손길이 필요한 동네 아이들을 돌보았습니다.

"서로 나누고 사랑하며 살아야 한다."

어린 아녜스의 마음에 엄마의 깊은 신앙심과 이웃 사랑이 스며들었습니다. 그래서인지 아녜스는 자주 기도를 했습니다.

"애들아, 잘 지냈니?"

아빠가 퇴근해서 돌아왔습니다.

"안녕히 다녀오셨어요?"

아녜스가 달려갔습니다.

"아이고, 우리 막둥이!"

아빠는 아녜스를 덥석 안아 주었습니다.

"당신, 힘든 일 있었어요? 얼굴이 지쳐 보여요."

엄마가 아빠를 맞으며 걱정스러워했습니다.

"그렇지, 뭐. 어서 나라가 안정이 되어야 할 텐데……."

아빠는 안타까운 표정을 지었습니다.

아빠는 건재상을 하며 나라를 위해 정치 활동도 하고 있었습니다. 그 당시 마케도니아는 주변 국가들이 서로 차지하려고 호시탐탐 노려서 싸움이 끊이지 않았습니다. 아녜스는 아빠의 굳은 얼굴이 펴지기를 기도했습니다.

그렇지만 나라는 점점 더 불안에 휩싸였습니다. 급기야 중요한 정치 집회에 참석한 아빠가 쓰러졌습니다. 서둘러

병원으로 옮겼지만 그만 눈을 감고 말았습니다. 의사 선생님은 독이 든 음료를 마신 것 같다고 했습니다. 집안은 온통 슬픔에 잠겼습니다. 그때 아녜스는 아홉 살이었습니다.

"하느님, 우리 아빠 하늘나라에서 편안하게 지내게 해 주세요. 아파 누워 있는 우리 엄마도 낫게 해 주세요. 네?"

아녜스는 하느님에게 기도를 했습니다.

그 덕분인지 엄마는 며칠 후 자리에서 일어났습니다. 가
정 형편이 예전 같지 않은데도 엄마는 여전히 먹을 것을
나누고, 이웃 아이들을 돌보았습니다. 이웃을 사랑하는 엄
마의 모습은 아녜스에게 오래도록 남았습니다.

하느님에게
받은 소명

    열두 살이 되었을 때 아녜스는 처음으로 하느님의 일을 하고 싶다는 생각이 들었습니다.

    "신부님, 수녀가 되려면 어떻게 해야 하나요?"

    "하느님이 수도자로 불러야 할 수 있지. 그걸 성소라고 한단다."

    "그런데 하느님이 부르는 걸 어떻게 알 수 있어요?"

    "하느님과 이웃에게 봉사해야겠다는 마음이 들 때 행복하다는 생각이 같이 들면 부르신다고 할 수 있지."

"네……."

아녜스는 한순간 든 생각이라 여기고 잊으려고 했습니다. 그런데 성모 승천 대축일에 기도를 하는데 마음 깊은 곳으로부터 하느님의 부르심을 느꼈습니다.

"네 몸을 바쳐 하느님과 네 이웃에 봉사해라!"

아녜스는 성경책에서 읽은 '너희가 내 형제들인 이 가장 작은 이들 가운데 하나에게 해 준 것이 바로 나에게 해 준 것이다.'는 구절이 생각났습니다.

또 신부님에게 들은 인도 콜카타에서 봉사하는 신부님과 수녀님들도 떠올랐습니다.

아녜스는 엄마에게 자신의 뜻을 말했습니다.

"엄마, 제가 해야 할 일을 알았어요. 전 인도로 가서 그곳 사람들을 도울 거예요."

엄마는 아무 말도 하지 않고 방으로 들어가 한참 동안 기도를 하고 나왔습니다.

"네 생각이 변하지 않을 결심이 서면 그렇게 해라. 늘 너를 위해 기도하마."

아녜스는 엄마의 지원에 마음이 든든했습니다.

1928년 9월 26일, 열여덟 살이 된 아녜스는 스코페를 떠나, 로레토 수녀회의 본부가 있는 아일랜드의 더블린으로 갔습니다. 로레토 수녀회는 가난한 사람들을 돕고 여성들을 교육하는 곳이었습니다. 그곳에서 6주간 생활한 뒤 본격적인 수련을 하기 위해 인도 다질링으로 갔습니다.

1931년 아녜스는 약 2년 동안의 수련을 마치고 수녀가 되기 위해 첫 서원을 했습니다. 정갈한 수도복으로 갈아입고 제단 앞에 무릎을 꿇고 청빈, 정결, 순명을 지켜 생활하겠다고 맹세했습니다. 돈, 옷, 보석 등 아무것도 가지지 않겠다는 청빈, 늘 몸과 마음을 깨끗이 하겠다는 정결, 의심 없이 하느님의 뜻을 따르겠다는 순명, 이 세 가지 맹세는 아녜스가 수도자로 평생 지켜야 할 일이었습니다.

아녜스는 수녀명을 소화 테레사로 정했습니다. 15세에 수녀가 된 뒤 24세에 결핵으로 하늘나라로 간 예수의 작은

꽃, 소화 테레사가 아녜스의 새로운 이름이 된 것입니다.

테레사는 수녀원 안에 있는 성 마리아 학교에서 지리와 역사를 가르쳤습니다. 새벽에 일어나 미사를 드리고, 낮에는 학생들을 가르치고, 저녁에는 성경을 읽고 기도를 드리는 게 하루의 생활이었습니다.

1937년 5월 24일, 테레사는 종신 서원을 하기 위해 다질링 수녀원으로 갔습니다. 그곳에서 평생 수녀의 길을 가겠다고 마지막 맹세를 했습니다.

테레사가 학생을 가르친 지 어느덧 10년이란 세월이 지났습니다.

'수녀원 밖으로 나가 가난한 사람들을 위해 사는 게 하느님이 주신 소명인데…….'

테레사의 마음 깊은 곳에서 그런 생각이 피어났습니다.

어느 날 테레사는 그런 마음을 조금이나마 실천하고 싶어서 구걸하는 아이를 데려다 먹을 것을 주었습니다. 그리고 깨끗하게 씻긴 뒤, 학교 기숙사에서 지내게 했습니다.

그렇지만 아이는 몰래 수녀원을 빠져나갔습니다. 테레사는 아이를 따라가 보았습니다. 아이는 나무 밑에 거적을 깔고 있는 엄마에게 갔습니다.

"얘야, 이곳보다는 수녀원에서 지내는 게 더 낫지 않니?"

테레사가 물었습니다.

"전 엄마와 있는 게 좋아요. 이곳이 제 집이에요."

아이가 대답했습니다.

테레사는 수녀원으로 돌아오면서 가난한 사람들과 진심으로 함께하는 게 무엇인지 곰곰이 생각했습니다.

테레사는 1946년 9월 10일, 다질링으로 피정을 떠났습니다. 수녀의 생활을 돌아보고 기도하며 쉬었다 오기 위해서였습니다.

"테레사, 가난한 이웃들에게 가라. 그들과 함께해라."

테레사는 전차 안에서 하느님의 소리를 들었습니다.

'내가 할 일이 확실해졌어.'

테레사는 수녀원을 나와 거리에 있는 사람들과 함께하기로 마음먹었습니다. 그렇지만 수녀원을 나와 생활하려면 허락을 받아야 했습니다.

테레사는 판 엑셈 신부를 찾아가 의논했습니다. 엑셈 신부는 테레사의 결심이 굳다는 것을 알고 콜카타 대주교에게 청원을 해 주었습니다.

페리에 대주교는 테레사와 면담을 한 뒤, 아일랜드에 있는 로레토 총장에게 편지를 써도 좋다고 허락했습니다. 로레토 총장은 테레사의 마음을 읽고 로마 교황청에 직접 편지를 쓰도록 했습니다.

2년이 지난 1948년 8월 8일, 마침내 교황 비오 12세의 답장을 받았습니다. 수녀원 밖에서의 활동을 1년으로 한정하고, 그 후에도 계속할 것인지는 페리에 대주교의 판단에 맡긴다는 내용이었습니다. 수녀원을 나가 생활할 수 있도록 허락한 것은 300년 만에 처음 있는 일이었습니다.

테레사는 수도복을 벗고 인도 여자들이 즐겨 입는 흰 사

마더 테레사 무덤 | 콜카타의 마더 하우스에 있는 마더 테레사의 무덤에서 수녀들이 기도를 하고 있습니다.

리로 갈아입었습니다. 테레사의 사리는 푸른 줄이 세 개 쳐져 있는 소박한 흰 무명옷이었습니다. 흰색과 푸른색은 성모 마리아를 뜻하는 색이었습니다.

　테레사는 수녀원 식구들에게 인사를 하고 세상 속으로 발을 성큼 내디뎠습니다.

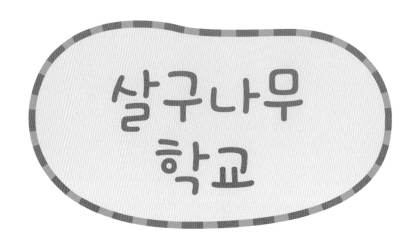

살구나무
학교

테레사는 거리의 아픈 사람들을 돌보기 위해 먼저 의료
선교 수녀회가 운영하는 성 가족 병원에서 의학 지식과 간
단한 시술을 익혔습니다. 그리고 1948년 12월 21일, 실습
을 마치고 콜카타로 돌아왔습니다.

"도와주세요. 먹을 게 없어 아이가 죽어 가요."

"엄마가 아파서 누워 있어요. 약이 필요해요."

거리는 구걸하는 사람, 약을 달라는 사람으로 넘쳐 났
고, 쓰러져 있는 엄마 곁에서 배고프다고 칭얼대는 아이들

로 정신이 없었습니다.

테레사는 가난한 사람들이 많이 사는 모티즈힐로 갔습니다. 아이들은 쓰레기가 쌓여 악취가 나는 곳에서 흙장난을 하고 있었습니다. 테레사는 이 아이들을 위해 뭔가를 해야겠다는 생각이 들었습니다.

"얘들아, 이리 와 보렴."

"누구세요?"

아이들은 호기심이 가득해서 살구나무 아래로 왔습니다.

"응, 난 테레사 수녀라고 해. 이제부터 이 마을에서 지낼 거야. 우리 공부할까? 글자도 배우고 숫자도 배우고."

테레사의 말에 아이들의 눈이 반짝 빛났습니다.

"어디서 배워요?"

"여기 나무 밑에서."

테레사는 나무 밑에 앉아 바닥에다 글자를 썼습니다.

아이들이 바닥에 쓴 것을 읽으며 따라 썼습니다.

"오늘은 그만하고 내일 또 공부하자."

테레사는 아이들과 헤어진 후 임시로 살게 된 성 요셉 노인의 집으로 갔습니다. 테레사는 하느님이 주신 소명을 다시금 생각하고 거리의 불쌍한 사람들과 함께하겠다고 다짐했습니다.

다음 날, 테레사는 살구나무 밑으로 갔습니다. 그런데 어제와 달리 아이들이 다섯 명뿐이었습니다.

"왜 너희들만 왔니?"

"아이들은 수녀님이 안 올 거라고 했어요. 그냥 해 본 말일 거라고요."

"그렇지 않아. 앞으로 계속할 거니까 내일은 같이 오도록 해."

테레사는 날마다 아이들과 공부를 했습니다. 아이들 수는 점점 늘었습니다. 나무 아래 학교는 학생들의 소리로 떠들썩했습니다. 그러자 동네 어른들이 낡은 책상과 의자를 얻어다 주었습니다. 얼마 지나서는 교실도 마련할 수 있게 되었습니다.

테레사는 수업이 끝나면 동네를 돌아보았습니다. 거적으로 쳐진 집은 낡고 더러웠습니다. 또 결핵, 나병, 콜레라 등 심각한 병을 앓는 사람도 많았습니다. 몇 발짝 못 가서 구걸하는 사람들을 만나곤 했습니다.

'주여, 저들에게 자비를 베풀어 주소서.'

테레사는 덴켈 수녀에게 도움을 청하고 약을 구하러 다녔습니다. 약을 구한 다음 무료 진료소를 차려 그들을 돌보았습니다.

사랑의
선교회

"저 수녀가 거리의 불쌍한 사람들을 보살핀다지?"

"그리스도를 믿게 하려고 그러나 본데, 얼마나 가겠어?
저러다 곧 떠날 거야."

테레사는 전차를 타고 가다가 사람들이 하는 말을 들었
습니다.

"전 떠나지 않습니다. 그리고 가톨릭만 믿으라고 강요하
지도 않습니다. 누구나 자기의 신을 섬길 자유가 있어요.
그렇지만 고통 받는 사람은 우리 모두의 형제자매지요. 전

그들 속에 예수 그리스도의 모습이 있다고 믿어요."

테레사의 말에 수군거리던 사람들이 조용해졌습니다.

테레사는 임시로 살던 성 요셉 노인의 집을 떠나 새로 고메즈 형제의 집 3층에서 지내게 되었습니다.

그곳으로 어떤 아가씨가 찾아왔습니다.

"저도 수녀님을 돕고 싶어요."

"넌, 슈바시니 다스 아니니?"

"네, 맞아요. 수녀님 소식 듣고 저도 같이하고 싶어 왔어요."

슈바시니 다스는 테레사가 성 마리아 학교에서 가르쳤던 제자였습니다. 또 며칠 뒤에 제자 막달레나 고메스도 왔습니다. 이제 테레사 옆에는 함께할 제자들이 있었습니다.

테레사는 예비 수녀인 그들과 함께 아이들에게 공부를 가르쳐 주고, 무료 진료를 하고, 약을 구하러 다녔습니다. 돌아와서는 끼니가 없어 굶는다는 집에 한 끼 정도의 쌀을 가져다주었습니다. 그런데 어느 한 아이의 엄마는 받은 쌀을 덜어서는 자신보다 더 가난한 집에 나눠 주는 것이었습니다. 테레사는 그 모습을 보고 나눈다는 건 남는 것을 나누는 게 아니라는 것을 깨달았습니다.

이제 수녀원 밖에서 생활해도 좋다고 허락한 1년이 거의 지나가고 있었습니다. 대주교는 판 엑셈 신부를 불러 보고를 받았습니다.

"테레사 수녀는 자신이 있을 곳을 제대로 찾은 것 같습니다. 정식으로 수도회 인가를 내주는 게 테레사 수녀를 돕는 일이라고 생각합니다."

대주교는 판 엑셈 신부의 건의를 받아들였습니다.

테레사는 그 소식을 듣고 두 손을 모았습니다.

"오, 주여! 부족한 저를 도구로 쓰신다면 기꺼이 따르겠습니다."

테레사는 수도회 이름을 '사랑의 선교회'로 정했습니다. 수도회의 목적은 가난한 사람들 가운데서도 가장 가난한 사람들에게 봉사하며 하느님을 섬기는 것으로 했습니다.

"가난한 사람들이란, 굶는 사람들뿐이 아니지요. 하느님 말씀에 굶주린 사람, 배우지 못한 사람, 사랑에 목마른 사람, 버림받은 사람, 인종 차별을 당하는 사람, 외롭게 죽어 가는 사람, 희망을 잃은 사람들이 모두 가난한 사람들이지요. 우린 그들을 위해 봉사해야 합니다."

테레사는 자신을 따르는 예비 수녀에게 말했습니다.

1950년 10월 7일, 로마 교황청에서 사랑의 선교회 인가

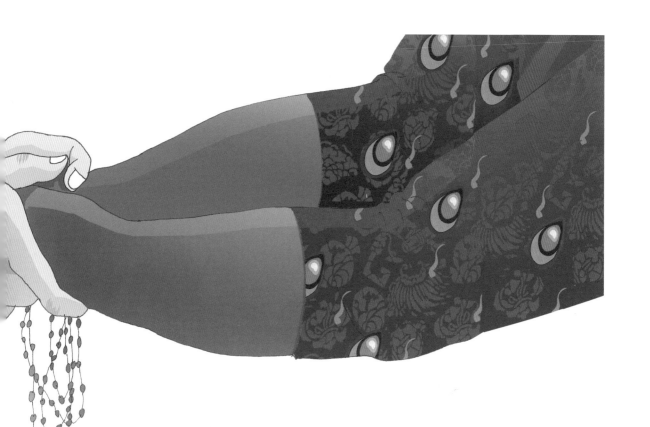

가 났습니다. 선교회의 총장을 마더라고 부르므로
이제 테레사는 마더 테레사로 불리게 되었습니다.
제자들도 수녀명을 갖게 되었습니다.

　사랑의 선교회는 수도자의 세 가지 맹세인 청빈,
정결, 순명 외에 가난한 사람들 가운데서도 가장 가난한
사람들에게 마음을 다해 봉사한다는 한 가지 약속을 더 했
습니다.

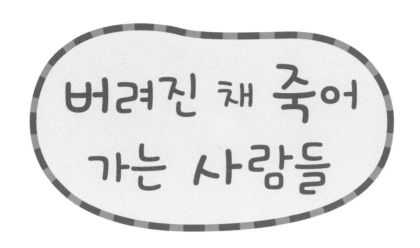

버려진 채 죽어 가는 사람들

테레사는 길거리에 쓰러져 있는 할머니를 보고 달려갔습니다. 할머니는 숨 쉬는 것조차 힘들어했습니다. 테레사는 서둘러 가까운 병원으로 데려갔습니다.

"가망이 없습니다. 데리고 가세요."

"그러지 말고 치료받게 해 주세요."

테레사는 간곡히 부탁했습니다. 그렇지만 병원에서는 눈길도 주지 않았습니다.

"택시! 급한 환자예요. 어서 다른 병원으로 가 주세요."

테레사는 택시를 불렀습니다. 하지만 택시도 태우려고 하지 않았습니다.

"고마워요. 정말 고마……."

할머니는 결국 테레사 품에서 눈을 감았습니다.

테레사는 가난하고 아픈 사람들이 거리에서 외롭고 비참하게 죽어 가게 할 수는 없다고 생각했습니다.

그래서 시청으로 가서 죽어 가는 사람들이 머물 수 있는 장소를 마련해 달라고 부탁했습니다.

"병으로 죽어 가는 사람이 수천 명인데, 어떻게 그걸 감당합니까? 담당 책임자에게 보고는 해 보겠습니다."

직원은 기대는 하지 말라는 투로 말했습니다.

"하느님은 가난을 창조하지 않으셨어요. 가난을 만들어 낸 것은 우리입니다. 관심을 가지고 한 사람부터 해결해 나가야지요. 연락 주세요."

테레사는 시청을 나왔습니다. 그리고 마냥 기다릴 수가 없어 작은 집을 얻고 길거리에서 죽어 가는 사람들을 데려다 돌보았습니다.

며칠 뒤, 보건 담당 장관인 아메드 박사가 시청 관리로부터 마더 테레사 이야기를 듣고 찾아왔습니다. 아메드 박사는 방에 빼곡하게 누워 있는 죽어 가는 사람들을 보고 깜짝 놀랐습니다. 살이 썩어 가는 사람, 짓무른 상처에 구더기가 우글거리는 사람, 쉴 새 없이 설사를 하는 사람, 고통스러워 소리치는 사람들로 좁은 방 안은 아수라장이었습니다. 그들을 수녀들이 돌보고 있었습니다.

아메드 박사는 수녀들의 봉사를 보고 감동하여, 장소를 마련해 주었습니다. 그곳은 칼리 신전 옆에 있는 건물로 힌두교 신자들이 쉬었다 가는 곳이었습니다.

마더 테레사는 그곳을 '순결한 마음의 장소'라는 뜻의 '니르말 흐리다이'라고 이름 짓고 거리에서 죽어 가는 사람들을 데려다 보살폈습니다. 사람들은 이곳을 '버려진 채 죽어 가는 사람들의 집'이라고 불렀습니다.

그런데 힌두교인들이 못마땅하게 생각하고 몰려와 당장

나가라고 항의했습니다.

"이곳이 여러분이 아끼는 곳이란 것을 압니다. 하지만 여러분의 형제자매들이 편안히 눈감을 수 있게 이곳을 빌려 주세요."

테레사의 말에 힌두교인들이 잠시 숙연해지는가 싶더니 다시 술렁거렸습니다. 그때 힌두교인 한 명이 안으로 들어 갔다가 나왔습니다.

"돌아가는 게 좋겠어요. 수녀들을 쫓아내려면 밤낮으로 저 냄새나는 산송장들의 몸을 닦고 돌봐야 할 거요."

그날은 그렇게 돌아갔습니다. 하지만 불평은 끊이지 않았습니다.

그러던 어느 날, 힌두교 승려가 실려 왔습니다. 기침을 할 때마다 피를 쏟는 결핵 말기 환자로 병원에서 받아 주지 않는 바람에 오게 된 것입니다. 수녀들은 그 승려를 정성껏 보살폈고 얼마 지나지 않아 병이 나았습니다.

"진심으로 고맙습니다. 저에게 천사의 모습을 보여 주셨

습니다.”

힌두교 승려가 나아서 간 뒤 힌두교인들의 아우성은 잠잠해졌습니다.

수많은 사람들이 '버려진 채 죽어 가는 사람들의 집'에 머물다 갔습니다. 그들은 신분, 인종, 종교에 대해 차별을 받지 않았습니다. 길에서 비참하게 죽어 가는 사람, 병원에서 받아 주지 않는 사람, 가족에게 버림받은 사람들이 실려 와서 마지막 순간을 맞이했습니다. 장례식은 그들 종교에 따라 치러 주었습니다.

1953년 2월 마더 테레사와 수녀들은 로우어 서큘라 로드에 새 보금자리를 마련했습니다. '마더 하우스'라고 불리는 그곳은 사랑의 선교회의 활동 중심지가 되었습니다.

'버려진 채 죽어 가는 사람들의 집'은 여전히 사람들로 가득했습니다. 많은 사람들이 그곳에서 눈을 감았습니다. 그러다 보니 고아로 남겨진 아이들이 많았습니다.

그래서 1955년 마더 하우스에서 조금 떨어진 곳에 버려진 아이들을 위한 집을 만들었습니다. 그 집을 '니르말라 시슈 브하반'이라고 불렀습니다. 그곳에서는 버려진 신생아, 영양실조로 죽어 가는 아이, 장애를 갖고 있는 아이들이 생활했습니다.

"어차피 살지 못할 아기들인데 그리 애쓸 필요가 있나요? 그러지 않아도 할 일이 많을 텐데요."

버려진 아기를 데리고 온 경찰이 딱하다는 투로 말했습니다.

"단 몇 분밖에 못 살아도 아이를 외롭게 죽게 할 수는 없어요. 귀중한 생명이니까요."

마더 테레사는 힘주어 말했습니다.

밤에 찾아온 나병 환자들

"문 좀 열어 주시오. 문 좀 열어 주시오."

1957년 9월 어느 날 밤에 웬 남자들이 찾아왔습니다.

"무슨 일이지요?"

마더 테레사가 문을 열자, 얼굴을 천으로 가린 남자들이
문 앞에 서 있었습니다.

"여기가 마더 테레사 수녀가 사는 곳이오?"

"제가 테레사인데요. 무슨 일인가요?"

"제대로 찾아왔군. 우리들은 문둥이들이라오. 마을에서

쫓겨나서 갈 데가 없소. 수녀님은 받아 줄 거라는 말을 듣고 찾아왔소."

"들어오세요."

테레사는 그들을 안으로 들어오게 했습니다.

"불을 꺼 주시오. 모습을 보이기 싫소."

테레사는 그들의 요청대로 어두운 상태에서 먹을 것을 주었습니다. 그들이 먹을 것을 다 먹자, 자신의 방을 내주었습니다.

"저희가 수녀님 방에서 자면 수녀님은 어쩌시려고요?"

그들은 놀라서 물었습니다.

"괜찮으니 편하게 쉰 다음 얘기 나누도록 해요."

테레사는 자리를 비켜 주었습니다.

그리고 날이 밝자 도울 방법을 알아보기 위해 그들과 같이 나환자들이 모여 있는 티타가르로 갔습니다. 거적으로 친 천막에서는 악취가 코를 찔렀습니다. 그들이야말로 가난한 사람들 중에 가장 가난한 사람들이었습니다.

테레사는 나병과 피부병의 전문의인 센 박사를 찾아가 도움을 요청했습니다.

며칠 뒤 테레사는 후원자들의 기부금으로 이동 진료차를 마련해서 센 박사와 함께 나환자들을 진료하기 시작했습니다. 1958년에는 순회 진료소가 8군데로 늘어났습니다.

"수녀님, 버림받은 저희를 돌봐 주셔서 고맙습니다. 수녀님은 우리의 희망입니다."

나환자들이 인사를 했습니다.

"아닙니다. 하느님이 하신 일입니다."

테레사는 자신을 낮췄습니다.

어느 날, 고급 사리를 입은 부인이 봉사하겠다고 찾아왔습니다.

"비싼 사리를 사는 값을 줄여 그 돈으로 가난한 사람들을 도우면 어떻겠어요?"

테레사가 부인에게 말했습니다.

"전 비싼 사리를 좋아해요."

부인은 그렇게 말하고 돌아갔지만 얼마 지나지 않아 수수한 사리를 입고 왔습니다. 그리고 절약한 돈을 기부했습니다.

"수녀님, 비싼 사리를 살 때보다 기분이 훨씬 좋아요."

부인은 진정으로 나누는 방법을 알게 된 것입니다.

1964년 교황 바오로 6세가 국제 성체 대회에 참석하기 위해 인도 봄베이에 왔습니다. 교황은 '버려진 채 죽어 가는 사람들의 집'을 둘러보고 사랑의 선교회에 자신의 리무진을 기부했습니다.

"이 차는 우리 선교회에 꼭 필요하지 않아. 어디 다른 곳에 쓰였으면 좋겠는데……."

테레사는 곰곰이 생각하였습니다. 그리고 답을 얻었습니다. 그 차를 팔아 나환자들이 살 수 있는 '샨티 나가르', 즉 '평화의 마을'을 만들 결심을 하였습니다.

그리고 얼마 후 그 결심이 이루어져 나환자들은 치료는 물론 가족과 함께 지낼 수 있게 되었습니다.

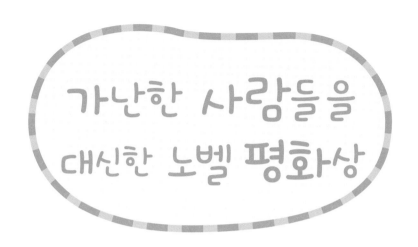

가난한 사람들을
대신한 노벨 평화상

많은 사람들이 사랑의 선교회의 뜻에 동참하고 후원해
주었습니다. 그러나 간혹 빈정거리는 사람도 있었습니다.

"아무리 마더 테레사와 사랑의 선교회 수녀들이 돕는다
해도 가난한 사람들을 어떻게 다 구제할 수 있겠어? 나라
도 못 하는데?"

테레사는 차분하게 말했습니다.

"우리가 하는 일은 넓은 바다의 물 한 방울에 지나지 않
을 것입니다. 하지만 우리가 그 일을 하지 않으면 바닷물

은 그 한 방울만큼 모자라지 않겠어요? 세상에는 가난한 사람들이 많습니다. 그러나 저희에게 중요한 것은 한 사람 한 사람입니다. 그 한 사람은 이 세상에 하나밖에 없는 존재니까요. 얼마나 많은 일을 하느냐가 중요한 게 아니고 얼마나 많은 사랑으로 하느냐가 중요한 것입니다.”

마더 테레사의 말에 불평의 소리가 잠잠해졌습니다. 테레사는 변함없이 죽어 가는 사람들과 고아들을 돌보고, 나환자들의 치료와 생활을 위해 힘썼습니다.

“마더 테레사님, 노벨 평화상 수상자로 선정되셨는데 어떻게 하시겠어요?”

어느 날 한 수녀가 소식을 전했습니다.

“노벨 평화상이라고요? 난 그렇게 큰 상을 받을 자격이 없는데……. 하지만 가난한 사람의 이름으로라면 기꺼이 받아야지요.”

테레사는 1979년 12월 9일 노르웨이 오슬로 공항에 도착했습니다. 하얀 사리 위에 낡은 재킷을 입고 수녀 둘과 함께였습니다.

다음 날 노벨상 시상식장에서 마더 테레사는 성 프란체스코의 평화의 기도문을 나누어 주었습니다.

참석자들은 모두 마더 테레사의 청에 따라 기도를 했습니다.

주님
저를 평화의 도구로 써 주소서
미움이 있는 곳에 사랑을
다툼이 있는 곳에 용서를
분열이 있는 곳에 일치를
…….

사람들의 표정은 무척 평화로웠습니다.

"저는 가난하고 아프고, 장애가 있는 소외된 사람들의 이름으로 이 상을 받습니다."

한국에 온 마더 테레사 | 1981년 5월, 테레사 수녀가 대구 성심수녀원을 방문하여 미사를 드리는 모습입니다.

테레사가 수상 소감을 말했습니다. 그리고 축하 파티를 따로 하지 않고 그 비용과 상금을 사랑의 선교회에 전달했습니다.

테레사가 노벨 평화상을 수상한 뒤로 사랑의 선교회는 세계적으로 알려지게 되었습니다. 그러자 불쌍한 사람들을 위해 봉사하겠다는 지원자가 늘었습니다.

"봉사의 마음은 훌륭합니다. 그러나 일부러 콜카타까지 오지 않아도 됩니다. 여러분의 이웃 중에서 돌봐 줘야 할 사람을 찾아 사랑을 베풀어 주세요."

테레사는 그들을 향해 말했습니다.

"마더 테레사는 살아 있는 성녀입니다."

사람들은 가난한 사람들과 함께하는 테레사의 삶을 칭송했습니다.

"아닙니다. 저는 하느님 손에 있는 한 자루 몽당연필입니다. 그분이 생각하고 글을 쓸 뿐입니다. 그분이 모든 일을 하십니다."

테레사는 자신을 낮추고 가난한 사람들의 어머니가 되었습니다. 그렇게 바쁘게 생활하던

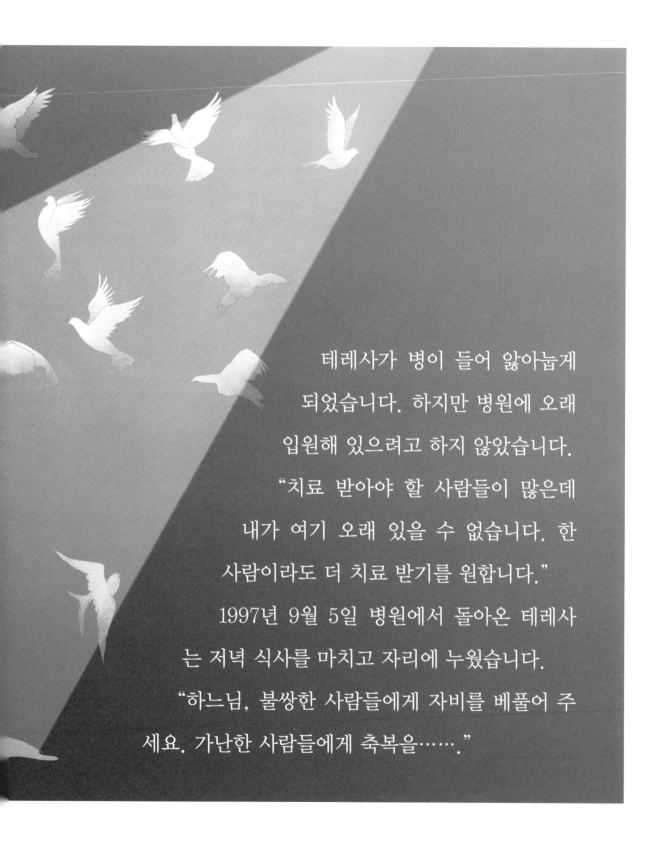

테레사가 병이 들어 앓아눕게
되었습니다. 하지만 병원에 오래
입원해 있으려고 하지 않았습니다.
"치료 받아야 할 사람들이 많은데
내가 여기 오래 있을 수 없습니다. 한
사람이라도 더 치료 받기를 원합니다."
1997년 9월 5일 병원에서 돌아온 테레사
는 저녁 식사를 마치고 자리에 누웠습니다.
"하느님, 불쌍한 사람들에게 자비를 베풀어 주
세요. 가난한 사람들에게 축복을······."

테레사는 기도를 한 뒤 영원히 눈을 감았습니다.

"수녀님의 사랑을 잊지 않을게요. 하늘나라에서 평안을
누리소서."

사랑을 실천한 테레사의 삶이 사람들의 가슴에 오롯이
새겨졌습니다. ✿

연 대	발 자 취
1910년(0세)	8월 26일 마케도니아의 수도 스코페에서 아버지 니콜라 브약스히야와 어머니 드라나 베르나이의 삼 남매 중 막내로 태어나다. 가톨릭에서 아녜스 곤히아라는 세례 성사를 받다.
1919년(9세)	9월에 아버지가 세상을 뜨다.
1922년(12세)	하느님의 소명을 처음 느끼다.
1928년(18세)	8월 15일 기도 중에 수녀가 되기로 결심하다. 9월 26일 아일랜드의 더블린에 있는 로레토 수녀회로 가다.
1931년(21세)	5월 24일 유기 서원을 하면서 테레사라는 수녀명을 선택하다. 로레토 수녀회가 운영하는 콜카타의 성 마리아 학교에서 지리와 역사를 가르치다.
1937년(27세)	5월 24일 종신 서원을 하다.
1944년(34세)	성 마리아 학교의 교장직을 맡다.
1946년(36세)	9월 10일 다질링으로 피정 가는 중에 수도회를 떠나 가난한 사람들 가운데 살면서 그들을 돕고 봉사하라는 하느님의 부르심을 듣다.
1948년(38세)	8월 8일 로마 교황청의 허락을 받고 로레토 수녀원을 떠나다. 파트나 의료 선교회에서 의술을 배우고 콜카타로 돌아와 빈민가에서 학교를 시작하다. 인도 국적을 얻다.
1949년(39세)	3월 19일 제자인 슈바시니 다스가 합류하다.
1950년(40세)	10월 7일 사랑의 선교회가 로마 교황청의 승인을 받다. 마더 테레사로 불리다.
1952년(42세)	8월 22일 버려진 채 죽어 가는 사람들을 위한 집, '니르말 흐리다이'를 열다.
1953년(43세)	사랑의 선교회 본원을 설립하다.
1955년(45세)	'니르말라 시슈 브하반'(버림받은 아이들을 위한 집)을 열다.
1957년(47세)	9월, 티타가르에서 나환자를 위한 순회 진료를 시작하다.
1962년(52세)	인도 정부가 수여하는 파드마스리상을 받다. 시토(SEATO) 국가들이 수여하는 막사이사이상을 받다.
1965년(55세)	2월 1일 사랑의 선교회가 인도 지역에서 벗어나 세계 가톨릭 교회 안에서 일할 수 있도록 교황 바오로 6세가 인가해 주다.
1969년(59세)	나환자를 위한 '샨티 나가르(평화의 마을)'를 만들다.
1971년(61세)	사랑의 선교회가 세계 여러 나라에 50여 개의 분원을 갖게 되다. 바티칸에서 교황 요하네스 23세 평화상을 받다.
1972년(62세)	뉴델리에서 네루상을 받다.
1973년(63세)	영국에서 템플턴상을 받다.
1979년(69세)	12월 10일 가난한 사람들의 이름으로 노벨 평화상을 받다.
1980년(70세)	인도의 최고 훈장인 바라트 라트나를 받다.
1981년(71세)	5월에 한국을 방문하다. 한국에도 사랑의 선교회가 세워지다.
1985년(75세)	한국을 두 번째 방문, 나환자촌 성 라자로 마을과 판문점을 방문하다.
1990년(80세)	4월 16일, 건강 문제로 사랑의 선교회 총장직에서 물러났으나, 9월에 총장으로 재선출되다.
1991년(81세)	걸프 전쟁을 막으려고 조지 부시 대통령, 사담 후세인 두 정상에게 호소하다.
1997년(87세)	9월 5일 세상을 떠나다. 인도 국장으로 장례가 치러진 후 마더 하우스에 묻히다. 사후 교황 요한 바오로 2세에 의해 시복되어 '콜카타의 복녀 테레사'라는 호칭을 받다.

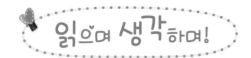

1. 아녜스가 어머니를 통해 영향을 받은 것은 무엇일까요?

엄마는 성당에서 돌아올 때 만나는 불우한 사람들을 그냥 지나치지 않았습니다. 돈을 나누어 주고, 돈이 없을 때는 기도를 해 주었습니다. 또 집에 와서는 어려운 이웃에게 빵을 나누어 주고, 손길이 필요한 동네 아이들을 돌보았습니다.

"서로 나누고 사랑하며 살아야 한다."

어린 아녜스의 마음에 엄마의 깊은 신앙심과 이웃 사랑이 스며들었습니다.

2. 테레사는 수녀원에서 학생들을 가르치며 편안하게 지낼 수 있었지만, 수녀원에서 나와 거리의 가난한 사람들과 생활했습니다. 그 까닭은 무엇일까요?

3. 사랑의 선교회에서 지켜야 할 네 가지는 무엇인가요?

4. 가난한 사람들을 위해 여러분이 할 수 있는 일은 무엇인지 써 보세요.

> "가난한 사람들이란, 굶는 사람들뿐이 아니지요. 하느님 말씀에 굶주린 사람, 배우지 못한 사람, 사랑에 목마른 사람, 버림받은 사람, 인종 차별을 당하는 사람, 외롭게 죽어 가는 사람, 희망을 잃은 사람들이 모두 가난한 사람들이지요."

5. 마더 테레사는 거리에서 죽어 가는 사람들을 데려와서 돌보았습니다. 그 까닭은 무엇인가요?

6. 굶주리는 집에 가져다 준 쌀을 자신보다 더 배고픈 이웃에게 나눠 주는 어느 엄마의 행동을 보고 무엇을 느꼈나요?

7. 마더 테레사는 병원에 오래 입원해 있으려고 하지 않고 다른 환자에게 병실을 내주었습니다. 마더 테레사의 행동에 대해 생각해 보고, 나라면 어떻게 할지 써 보세요.

풀이

1. 깊은 신앙심과 이웃 사랑.

2. 예시 : 거리에 나가 가난한 사람들을 위해 생활하는 게 하느님이 주신 소명이라고 생각했기 때문입니다.

3. 청빈, 정결, 순명, 가난한 사람들 중에서도 가장 가난한 사람들을 위해 마음을 다해 봉사하는 것입니다.

4. 예시 : 용돈을 모아서 불우한 이웃을 돕는 단체에 보냅니다.
   외로운 아이에게 친구가 되어 줍니다.
   용기를 주는 말을 해 줍니다.
   기도를 해 줍니다. 등등.

5. 예시 : 생명은 모두 귀중하기 때문에, 버림받은 사람들도 편안하게 눈을 감을 수 있게 해 주기 위해서입니다.

6. 예시 : 그동안 나누는 건 남는 걸로 하는 줄 알았습니다. 하지만 굶주리던 아이 엄마의 행동을 보고 남는 걸 나누는 게 아니라 부족한 상황에서도 사랑의 마음으로 나눈다는 것을 알 수 있었습니다.

7. 예시 1 : 건강을 회복해야 가난한 사람들을 돌볼 수 있기 때문에 입원해서 치료를 받겠습니다.
   예시 2 : 입원해서 병실을 차지하는 것보다 차라리 치료 받고 나을 수 있는 다른 환자에게 내주는 것이 더 마땅하다고 생각합니다.

위인 (생몰년)

- 광개토 태왕 (374~412)
- 연개소문 (?~666)
- 장보고 (?~846)
- 최무선 (1328~1395)
- 신사임당 (1504~1551)
- 한석 (1543~
- 을지문덕 (?~?)
- 김유신 (595~673)
- 대조영 (?~719)
- 왕건 (877~943)
- 강감찬 (948~1031)
- 황희 (1363~1452)
- 이순 (1545~
- 세종 대왕 (1397~1450)
- 오성 한음 (오성 1 1618 / 한음 15 1613)
- 장영실 (?~?)
- 허준 (1539~1615)
- 유성룡 (1542~1607)

사건

- 고구려 살수 대첩 (612)
- 견훤 후백제 건국 (900)
- 고려 강화로 도읍 옮김 (1232)
- 문익점 원에서 목화씨 가져옴 (1363)
- 허준 동의 완성 (1610)
- 신라 삼국 통일 (676)
- 궁예 후고구려 건국 (901)
- 개경 환도, 삼별초 대몽 항쟁 (1270)
- 최무선 화약 만듦 (1377)
- 병자 호란 (1636)
- 고조선 건국 (B.C. 2333)
- 철기 문화 보급 (B.C. 300년경)
- 고조선 멸망 (B.C. 108)
- 고구려 불교 전래 (372)
- 신라 불교 공인 (527)
- 대조영 발해 건국 (698)
- 장보고 청해진 설치 (828)
- 왕건 고려 건국 (918)
- 귀주 대첩 (1019)
- 윤관 여진 정벌 (1107)
- 조선 건국 (1392)
- 훈민 정음 창제 (1443)
- 임진 왜란 (1592~1598)
- 한산도 대첩 (1592)
- 상평 통보 전국 유통 (1678)

B.C.	선사 시대 및 연맹 왕국 시대	A.D. 삼국 시대	698 남북국 시대	918	고려 시대	1392

2000	500	400	300	100	0	300	500	600	800	900	1000	1100	1200	1300	1400	1500	160

B.C.	고대 사회	A.D. 375	중세 사회	1400

세계사 사건

- 중국 황하 문명 시작 (B.C. 2500년경)
- 인도 석가모니 탄생 (B.C. 563년경)
- 알렉산더 대왕 동방 원정 (B.C. 334)
- 크리스트교 공인 (313)
- 수나라 중국 통일 (589)
- 이슬람교 창시 (610)
- 러시아 건국 (862)
- 거란 건국 (918)
- 제1차 십자군 원정 (1096)
- 테무친 몽골 통일 칭기즈 칸이 됨 (1206)
- 원 멸망 명 건국 (1368)
- 잔 다르크 영국군 격파 (1429)
- 코페르니쿠스 지동설 주장 (1543)
- 독일 30 전쟁 (1618
- 게르만 민족 대이동 시작 (375)
- 수 멸망 당나라 건국 (618)
- 송 태종 중국 통일 (979)
- 원 제국 성립 (1271)
- 구텐베르크 금속 활자 발명 (1450)
- 도요토미 히데요시 일본 통일 (1590)
- 영 청교 혁명 (1642
- 로마 제국 동서로 분열 (395)
- 뉴 만 인 법 발 (166
- 석가모니 (B.C. 563?~ B.C. 483?)
- 예수 (B.C. 4?~ A.D. 30)
- 칭기즈 칸 (1162~1227)

한국사 인물

정약용 (1762~1836)	주시경 (1876~1914)						
김정호 (?~?)	김구 (1876~1949)						
	안창호 (1878~1938)	우장춘 (1898~1959)	유관순 (1902~1920)		백남준 (1932~2006)	이태석 (1962~2010)	
	안중근 (1879~1910)	방정환 (1899~1931)	윤봉길 (1908~1932)	이중섭 (1916~1956)			

한국사 사건

이승훈 천주교 전도 (1784)

최제우 동학 창시 (1860)
김정호 대동여지도 제작 (1861)

강화도 조약 체결 (1876)
지석영 종두법 전래 (1879)

갑신 정변 (1884)

동학 농민 운동, 갑오 개혁 (1894)
대한 제국 성립 (1897)

을사 조약 (1905)
헤이그 특사 파견, 고종 퇴위 (1907)

한일 강제 합방 (1910)
3·1 운동 (1919)

어린이날 제정 (1922)

윤봉길·이봉창 의거 (1932)

8·15 광복 (1945)
대한 민국 정부 수립 (1948)

6·25 전쟁 (1950~1953)

10·26 사태 (1979)

6·29 민주화 선언 (1987)
서울 올림픽 개최 (1988)

북한 김일성 사망 (1994)

의약 분업 실시 (2000)

| 선 시대 | 1876 개화기 | 1897 대한 제국 | 1910 일제 강점기 | 1948 대한민국 |

| 1700 | 1800 | 1850 | 1860 | 1870 | 1880 | 1890 | 1900 | 1910 | 1920 | 1930 | 1940 | 1950 | 1970 | 1980 | 1990 | 2000 |

| 근대 사회 | 1900 현대 사회 |

세계사 사건

미국 독립 선언 1776
프랑스 대혁명 1789

청·영국 아편 전쟁 (1840~1842)

미국 남북 전쟁 (1861~1865)

베를린 회의 (1878)

청·프랑스 전쟁 (1884~1885)

청·일 전쟁 (1894~1895)
헤이그 평화 회의 (1899)

영·일 동맹 (1902)
러·일 전쟁 (1904~1905)

제1차 세계 대전 (1914~1918)
러시아 혁명 (1917)

세계 경제 대공황 시작 (1929)

제2차 세계 대전 (1939~1945)

태평양 전쟁 (1941~1945)
국제 연합 성립 (1945)

소련 세계 최초 인공위성 발사 (1957)

제4차 중동 전쟁 (1973)
소련 아프가니스탄 침공 (1979)

미국 우주 왕복선 콜럼비아호 발사 (1981)

독일 통일 (1990)
유럽 11개국 단일 통화 유로화 채택 (1998)

미국 9·11 테러 (2001)

세계사 인물

워싱턴 (1732~1799)
페스탈 로치 (1746~1827)
모차르트 (1756~1791)
나폴레옹 (1769~1821)

링컨 (1809~1865)
나이팅게일 (1820~1910)
파브르 (1823~1915)
노벨 (1833~1896)
에디슨 (1847~1931)

가우디 (1852~1926)

라이트 형제 (형, 월버 1867~1912 / 동생, 오빌 1871~1948)
슈바이처 (1875~1965)
마리 퀴리 (1867~1934)
간디 (1869~1948)

아문센 (1872~1928)

헬렌 켈러 (1880~1968)

테레사 (1910~1997)
만델라 (1918~2013)

마틴 루서 킹 (1929~1968)

아인슈타인 (1879~1955)

스티븐 호킹 (1942~2018)

오프라 윈프리 (1954~)
스티브 잡스 (1955~2011)
빌 게이츠 (1955~)

2022년 7월 25일 1판 3쇄 **펴냄**
2014년 1월 10일 1판 1쇄 **펴냄**

펴낸곳 (주)효리원
펴낸이 윤종근
글쓴이 함영연 · **그린이** 원유미
등록 1990년 12월 20일 · **번호** 2-1108
우편 번호 03147
주소 서울시 종로구 삼일대로 457. 406호
전화 02)3675-5222 · **팩스** 02)765-5222

ⓒ 2014. (주)효리원

ISBN 978-89-281-0320-1 64990

이메일 hyoreewon@hyoreewon.com
홈페이지 www.hyoreewon.com